AF322528

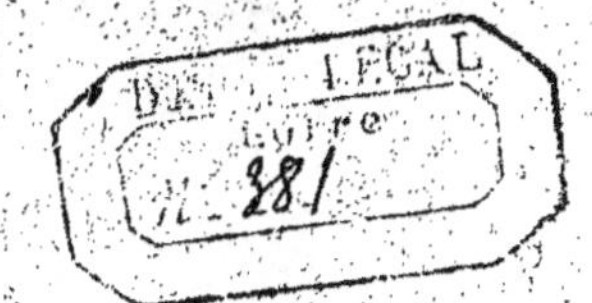

CONFÉRENCES DE DROIT PRATIQUE

COMMERCIAL & INDUSTRIEL

SAINT-ÉTIENNE 1920-1921

Séance d'Inauguration

15 Novembre 1920

DISCOURS DE M. Paul PETIT

PRÉSIDENT
DE LA CHAMBRE DE COMMERCE DE SAINT-ÉTIENNE

DISCOURS DE M. Charles JACQUIER

AVOCAT A LA COUR D'APPEL DE LYON
ANCIEN BATONNIER
DOYEN DE LA FACULTÉ CATHOLIQUE DE DROIT DE LYON

SAINT-ÉTIENNE
SOCIÉTÉ ANONYME DE L'IMPRIMERIE THÉOLIER
12, Rue Gérentet, 12

1921

CONFÉRENCES DE DROIT PRATIQUE

COMMERCIAL & INDUSTRIEL

SAINT-ÉTIENNE 1920-1921

Séance d'Inauguration

15 Novembre 1920

DISCOURS DE M. Paul PETIT

PRÉSIDENT
DE LA CHAMBRE DE COMMERCE DE SAINT-ÉTIENNE

DISCOURS DE M. Charles JACQUIER

AVOCAT A LA COUR D'APPEL DE LYON
ANCIEN BATONNIER

DOYEN DE LA FACULTÉ CATHOLIQUE DE DROIT DE LYON

SAINT-ÉTIENNE

SOCIÉTÉ ANONYME DE L'IMPRIMERIE THÉOLIER

12, Rue Gérentet, 12

1921

DISCOURS DE M. PETIT

Messieurs,

Je ne puis me défendre de quelque confusion en prenant la parole dans cette séance d'inauguration de Conférences de droit pratique commercial et industriel. Le savoir juridique a pour compagnon habituel l'art de bien dire. Je n'ai ni l'un ni l'autre et je crains que ma présence à ce fauteuil présidentiel ne heurte la logique des disciples de Cujas qui sont ici brillamment représentés.

Aussi me tarde-t-il de leur céder la place et de prendre, quant à moi, la seule qui me convienne : celle d'un élève désireux de s'instruire qui, au seuil de connaissances nouvelles, n'a guère pour tout bagage que sa bonne volonté.

Quelque expérience aussi peut-être... et c'est mon excuse.

Mes trente-six années de vie industrielle m'ont courbé souvent sur des problèmes arides et complexes. Les problèmes techniques ne sont pas, Messieurs, croyez-m'en, les plus difficiles à résoudre. La matière, une fois connue, est vaincue et, vaincue, elle est définitivement docile. Mais, le mystère éternel, c'est l'homme, avec ses aspirations changeantes, ses contradictions, ses révoltes devant l'obsédante question des devoirs et des droits. Question plus angoissante que jamais, que tous les membres de la famille humaine sont aujourd'hui conviés à discuter dans l'immense conversation sociale. Elle se débat partout à l'atelier comme sous la coupole des instituts, dans la rue et dans le salon ; le plus humble paysan de nos campagnes y dit son mot, comme le penseur, l'écrivain, le savant, l'artiste. Elle se traduit par un travail législatif haletant, qu'il ne faut pas railler, Messieurs, car il est l'expression du désir enfiévré de justice qui soulève la société tout entière.

Il n'est que temps d'y faire participer plus activement l'élite du pays ! Il n'est que temps de condamner et de redresser l'erreur d'un enseignement qui, dans sa hâte de former des techniciens, oublie de former des hommes ! Il n'est que temps d'enraciner à nouveau la jeunesse française dans le terrain aux sucs légers, délicats, généreux, subtantiels, des vieilles « humanités » et de lui faire renouer fortement connaissance avec les antiques civilisations d'où est sorti le grand bienfait de l'Ordre par la Loi !

Et c'est pourquoi je veux chaleureusement vous féliciter, Messieurs, d'avoir fondé des conférences qui, sous leur nom modeste, deviendront, j'en ai la certitude, un des foyers intellectuels les plus vivants de notre cité laborieuse. Vous ferez plus que d'apprendre aux ingénieurs, aux industriels, aux commerçants, aux employés qui suivront vos cours, le rudiment juridique indispensable à qui est mêlé à la vie des affaires. Vous leur donnerez ou entretiendrez chez eux le goût de la recherche intellectuelle, du raisonnement, de la culture de l'esprit. Vous les rendrez aptes à concevoir, à organiser ; vous leur infuserez cet esprit synthétique qui sait embrasser les ensembles, les coordonner, les mouvoir, les conduire. Et nombre d'entre eux reconnaîtront vite combien plus aisée est la direction des affaires pour un cerveau fortifié, élargi, assoupli par l'habitude des idées générales.

La Chambre de Commerce de Saint-Etienne ne pouvait qu'applaudir à votre projet et vous a offert avec empressement son patronage. Soyez assurés qu'elle ne bornera pas son appui à ces décorations platoniques. Elle veut agir avec vous. Elle veut qu'au milieu des usines, des maisons de commerce, des banques, de toute l'activité industrielle de Saint-Etienne, soit mise à une place digne d'elle la chaire du professeur de droit.

Un auditoire nombreux se pressera autour d'elle ; il suffit, pour s'en convaincre, de jeter les yeux sur cette salle archi-comble. Il aura la bonne fortune d'y recueillir l'enseignement de maîtres d'un renom considérable, d'une science parfaite, d'un talent consommé. Notre grande voisine, la ville de Lyon, nous enverra des professeurs, des avocats pris parmi les plus réputés. Saint-Etienne, qui compte des jurisconsultes et des orateurs éminents, ne demeurera pas en reste. Je ne veux nommer personne. Leurs conférences seront pour nous tous, en même temps qu'une nourriture substantielle, un régal des plus délicats.

Encore une fois, Messieurs, soyez remerciés et félicités pour votre heureuse initiative. Votre dévouement et votre science vont combler une lacune qu'il importait de faire disparaître et serviront au mieux les intérêts matériels et moraux de notre région qui, comme un dépôt précieux, ont été confiés à la garde vigilante de notre Chambre de Commerce.

DISCOURS DE M. JACQUIER

Messieurs,

Lorsque, il y a quelques mois, la pensée est venue à vos organisateurs, pensée encore imprécise, de tenter par l'institution de ces conférences la réalisation d'un rêve depuis longtemps caressé, ils comptaient bien que leur initiative ne demeurerait pas sans écho.

C'eût été mal vous connaître que d'en douter, puisqu'il s'agissait d'un effort utile à la cité, et dans la cité à cette population travailleuse à laquelle elle doit une large part de sa richesse.

De fait, dès les premiers jours, malgré les charges que, sous des formes chaque année plus nombreuses et plus lourdes, le relèvement du pays impose à notre patriotisme, les concours leur sont venus qui, par leur autorité autant que par leur nombre, dès la première heure, à son berceau même, ont consacré l'opportunité de leur entreprise. Moi-même, au cours d'une première réunion, j'en avais, avant la dispersion des vacances, recueilli le témoignage, et de ce jour, il me parut que, pour la rentrée judiciaire, le projet aurait pris une âme, et que du rêve votre intelligente générosité aurait fait une réalité.

Mais si hardie que fût notre confiance, nous n'aurions pas osé espérer que cette réalité prendrait l'éclat dont cette première séance nous apporte l'encourageante surprise. Comme l'indique le programme, j'aurais dû ce soir, sans préambule et sans apprêt, comme en une sorte de préface dont, par une délicate attention, on avait réservé l'honneur à mon âge, développer un certain nombre d'observations préliminaires et générales sur les matières qui feront par le détail l'objet de notre enseignement. Et voilà que cette modeste leçon se transforme en une solennité ; voilà que, après les salons de la Chambre de Commerce, devenus successivement trop étroits, c'est dans cette large et hospitalière enceinte obligeamment ouverte à nos débuts, devant un auditoire où se mêlent tous les rangs de la cité, dans lesquels, à côté de ceux qui sont les représentants attitrés, je salue toutes les personnalités qui l'honorent, que votre Chambre de Commerce nous accueille, et par son Président nous souhaite une officielle bienvenue. Pour tant de bienveillance et d'honneur, au nom de mes collègues et au mien, à tous j'adresse un sincère merci. Nul encouragement ne pouvait nous être plus précieux ; nul non plus ne pouvait, sous une forme plus significative et plus remplie d'espoir, marquer mieux que cette tentative vient à son heure et répond à un besoin.

Et puisque vous avez bien voulu, Monsieur le Président, adresser à l'aîné de vos conférenciers, que les années ont fait le doyen, de si aimables paroles, laissez-moi vous dire que j'en suis profondément touché. Les éloges valent, on l'a dit, en raison de la hauteur dont ils viennent. Les vôtres, par suite, eussent été capables de m'enorgueillir si je ne savais quelle bienveillance les a inspirés et la place que, à côté de la vérité, il convient d'y faire à l'indulgence.

Ce qui est vrai cependant, c'est que l'œuvre que nous inaugurons m'est vraiment chère et que, comme à tout ce qui, en une mesure quelconque, peut aider au relèvement national, je suis prêt à lui donner ce qui me reste d'une voix qui ne voudrait pas mourir, et d'une ardeur qui ne voudrait pas s'éteindre avant d'avoir salué la résurrection de mon pays et la fécondité d'une paix digne des victoires qui l'ont si glorieusement, mais aussi si chèrement achetée.

Je ne dirais pas toute ma pensée, je ne dirais pas surtout tout ce qui est dans mon cœur si, au nom de notre Faculté lyonnaise, je ne remerciais en même temps et avec une même sincérité ceux, dont nous nous réjouissons de devenir les collègues, de nous avoir associés à leurs efforts, et je puis dire ce soir, à leur succès.

De ce succès, ils avaient en eux-mêmes et sans le chercher ailleurs, tous les éléments ; de tout temps, en effet, votre barreau, votre commerce, vos hautes écoles se sont distingués par leurs éminentes qualités, et pour ne parler que du premier, puisque je le connais mieux, je sais ce que vous étiez assurés d'y trouver de talent, d'expérience, de haute valeur morale, en un mot, de tout ce qui fait les maîtres.

Pourquoi, dans de telles conditions et avec de telles certitudes d'avenir, vos organisateurs, s'effaçant plus que de raison, nous ont-ils fait l'honneur de nous réserver dans leur entreprise une part de collaboration ? L'un deux, qui a le vif regret de n'être pas des nôtres ce soir, et en fût, je puis le dire sans craindre d'offenser sa modestie, le premier et le principal ouvrier, nous l'a dit dans cette réunion préparatoire à laquelle je faisais allusion tout à l'heure, « c'est que, disait-il, la barre n'est pas une chaire ; c'est que pour être avocat consommé, avoué rompu aux affaires, ingénieur ou technicien éminent, on n'est pas pour autant professeur » ; c'est qu'il faut à l'enseignement des habitudes de méthode, de coordination, de suite qui ne s'acquièrent pleinement que par une pratique prolongée et une préparation assidue. C'est pourquoi, ayant appris que notre Faculté avait, au courant du dernier exercice, inauguré à Lyon, avec un rare succès qui avait été pour nous à la fois une récompense et une surprise, un enseignement pareil à celui qu'ils se proposaient d'organiser, nos collègues ont eu la flatteuse pensée de faire appel à son concours et de nous demander de les faire profiter de l'expérience que nous venions d'acquérir. Il y avait bien à la réalisation du projet quelques difficultés (où n'en est-il pas), celle notamment de coordonner malgré la distance et d'alterner pratiquement les collaborations sans tomber dans la confusion et sans troubler l'ordre qu'il était évidemment essentiel de maintenir dans l'exposé des matières. Mais la proposition était si honorable, elle était faite avec une telle bonne grâce, que nous ne pouvions nous dérober. De fait, nous n'y avons jamais songé ; étant par ailleurs bien entendu que l'entreprise resterait vôtre, que nous n'y serions que des coopérateurs dans une confraternité, et dont une affectueuse égalité serait la loi, heureux d'en partager les mérites et de penser que nous y pourrions être de quelque utilité. C'est ainsi que dès le premier jour l'entente s'est faite entre nous cordiale et confiante, dans la plus parfaite et la plus affectueuse union, et que nous nous présentons ce soir devant vous, suffisamment récompensés si nous réussissons à répondre au crédit dont vous voulez bien nous honorer, et dont cette première rencontre nous apporte un si significatif et si flatteur témoignage.

Et maintenant, ces dettes payées et ces explications fournies, je devrais, comme je le disais en commençant, consacrer cette première soirée à donner sur le droit et ses sources diverses : la loi, l'usage, la jurisprudence des notions générales destinées à faciliter à tous l'intelligence des conférences qui vont suivre. Les sources du droit ; le problème sous cette forme abstraite peut paraître aride. A dire vrai, si on le prend dans l'élévation et l'étendue qu'il comporte, on en imagine peu de plus attrayant et de plus grave. On n'a rien dit, en effet, lorsqu'on a répété la formule banale que c'est la loi qui fait le droit. Qu'est-ce, en effet, que la loi, envisagée non pas dans les textes écrits dans lesquels, suivant les lieux et les temps, variant avec eux, les hommes l'ont formulée, mais dans ses origines et sa source première ? D'où vient sa force ? La tire-t-elle de la volonté de celui qui l'édicte, souverain ou assemblée, et parce qu'elle est la loi est-elle nécessairement le juste ? N'existe-t-il pas, au contraire, au-dessus d'elle des principes régulateurs, antérieurs et supérieurs à elle, dont elle reçoit sa force, auxquels elle doit s'appliquer à se conformer, d'autant plus parfaite qu'elle s'en rapproche davantage, infidèle à sa mission lorsqu'elle s'en éloigne ?

Il n'est pas rare de l'entendre aujourd'hui contester, parfois même par des esprits distingués pour qui le droit qu'on appelle naturel ne serait en réalité qu'une science d'observation et se dégagerait non de la philosophie et de l'étude des principes, mais de l'examen de l'histoire et des faits sociaux, ce droit n'étant ou ne devant être que l'adaptation de l'action législative aux besoins et aux tendances de l'époque qu'il est appelé à régir ; si bien que, au lieu que ce soient les lois qui fassent les mœurs, elles seraient faites par elles.

Il ne serait, à coup sûr, pas inutile et hors de propos, au début de cet enseignement, comme de tout enseignement juridique, de se faire sur ce sujet des idées claires et précises. Le temps dont je dispose n'y saurait suffire. Je me contente de rappeler que, aussi loin qu'on remonte dans l'antiquité, tout ce que le passé a compté de philosophes et de penseurs a été unanime à proclamer l'existence d'un droit préexistant à l'homme, dérivant de sa nature, par suite supérieur à lui, dont il lui appartient de régler les applications, mais dont il ne saurait sans injustice ou sans péril méconnaître, à plus forte raison violer les préceptes. Cicéron, pour ne citer que lui parmi les anciens, l'a éloquemment démontré en maints endroits de ses écrits. C'est une sottise, écrit-il par exemple dans le

« *De Legibus* » de penser qu'une chose est juste parce que les hommes en ont fait une loi : *Est enim unum jus, quo devineta est hominum societas et quod lex constituit una. Quæ lex est recta ratio imperandi et prohibendi ; quam qui ignorat is est injustus, sive est illa scripta uspiam, sive nusquam.*

C'est ce que dans le même sens avait écrit au frontispice de notre Code civil la Commission chargée en l'an VIII d'en élaborer le projet : « Il existe, disait l'article premier, un droit universel, immuable, source de toutes les lois positives ; ce droit n'est que la raison naturelle en tant qu'elle gouverne les hommes. »

Six siècles auparavant, saint Thomas, dans sa *Somme*, avait exprimé la même vérité : « *omnis lex humanitus posita intantum habet de ratione legis in quantum a lege naturæ derivatur. Si vero in aliquo a lege naturali discordet jam non erit lex, sed legis corruptio.* » La loi humaine tire sa force et sa perfection de la loi naturelle et divine ; si elle s'y conforme, elle est digne de son nom, et mérite vraiment de diriger nos actes ; si elle entre en révolte contre elle, ce n'est plus la loi, elle n'en est plus que la corruption.

De fait, pour peu qu'on y réfléchisse, si on ne remonte pas jusque-là, d'où pourrait-elle tirer sa force et s'imposer à notre liberté ? De la volonté de l'homme qui l'a dictée ; mais les hommes sont égaux par leur nature ; par suite, j'aurais à lui refuser mon obéissance, de quelque nom qu'elle se pare, de quelque autorité qu'elle se prévale, le même droit qu'il prétendrait avoir à me l'imposer. A son défaut, plusieurs le pourraient-ils davantage parce qu'ils sont le nombre ? Mais le nombre c'est la force ; et s'il peut déterminer le succès, il est impuissant à créer le juste. On pourrait le contester de l'autre côté du Rhin, où la brutalité allemande avait osé formuler cette règle inique que « la force prime le droit et que la foi jurée n'a de valeur et de durée que celle du chiffon de papier sur lequel une épée ou une plume en ont écrit la formule ». C'est notre honneur à nous d'avoir renversé la proposition ; ce sera notre gloire en même temps que c'est notre incomparable joie d'avoir rendu au droit sa place et, par son triomphe, d'avoir affranchi le monde du péril où sa liberté menaçait de sombrer.

Mais encore une fois, ce n'est point à cette étude, si opportune et si haute qu'elle soit, que nous sommes conviés. Je ne crois pas davantage avoir à entrer dans l'examen des sources où s'alimentent les législations positives. Ce que vous attendez de moi dans ce premier contact, c'est que, rapidement d'ailleurs et simplement, je précise le but de ces conférences, les avantages que nous en attendons et les moyens par lesquels nous nous proposons de les atteindre.

Leur but : dans leur première communication vos organisateurs l'ont exposé en des termes que je vous demande la permission de reproduire : « La conduite des opérations commerciales de toute nature a été rendue difficile et parfois dangereuse par les complications que les lois nombreuses et confuses ont introduites dans les relations d'affaires. Actuellement la connaissance des principes généraux du droit, l'étude des réglementations applicables aux contrats commerciaux sont indispensables à quiconque participe à l'administration d'un commerce ou d'une industrie. Il est donc nécessaire d'enseigner cette connaissance et de faciliter cette étude par l'organisation de cours de droit pratique professés par des jurisconsultes », et j'ajoute contrôlés par des praticiens.

C'est ce que, au cours de la dernière année, écrivait M. Soulier, président de notre Tribunal de Commerce lyonnais, dans une lettre ouverte où, avec la double autorité de son savoir et de son expérience, il résumait les impressions de sa longue carrière commerciale et consulaire : « Pour l'ensemble des commerçants, mes fonctions, déjà longues, m'ont permis de constater que l'insuffisance de leurs connaissances juridiques est manifeste. Tous ceux que leur situation et leurs moyens intellectuels appellent à un rôle appréciable dans la vie économique du pays doivent regretter cette lacune de leur instruction et, par suite, désirer d'y pourvoir. » Et précisant davantage, l'auteur du mémoire ajoutait ce sur quoi je ne saurais trop insister « que pour toute maison de commerce il serait bon, je serais tenté d'ajouter nécessaire, de faire suivre un cours élémentaire pratique de droit commercial compris dans un nombre réduit de leçons par au moins un des associés ou un employé principal ; car la pratique des procès démontre que la majorité des marchés et des contrats commerciaux manque, faute d'une formation juridique suffisante, de précision et de clarté, tandis qu'une formation même succincte et élémentaire de l'esprit juridique chez le commerçant serait propre à améliorer les conditions dans lesquelles se font la plupart des transactions. »

Bien avant lui, au XVIIᵉ siècle, Savary qui, avant de devenir le collaborateur de Colbert, avait longtemps commercé à Douai, écrivait dans son livre du Parfait Négociant : « Tout marchand devrait en venir à savoir parfaitement l'ordonnance. » Cette ordonnance était celle de mars 1673 qui, due à l'initiative de Colbert et restée justement célèbre, demeura longtemps le code de la législation commerciale française, et sur bien des points inspira celle qui nous régit. Procédant de la même pensée, l'article 4 de ce document prescrivait que « l'aspirant à la maîtrise serait interrogé sur les livres et registres à partie double et à partie simple, sur les lettres et billets de change, sur les règles d'arithmétique, sur la partie de l'aune, sur la livre et le poids du marc, sur les mesures et qualités de la marchandise, autant qu'il convient pour le commerce dont il entend se mêler ».

Je ne voudrais pas médire de notre génération ; mais combien, même dans nos plus importants comptoirs, pourraient aujourd'hui se présenter devant nos maîtrises et répondre, je ne dis pas « sur la partie de l'aune, la livre et le poids du marc », depuis longtemps démodé et vieilli, mais sur le reste du programme, « les règles de la comptabilité commerciale, les billets de change » et tant d'autres questions dont est fait le cours des affaires et sur lesquelles il serait si utile toujours et parfois si nécessaire de posséder des notions précises.

Combien, pour prendre quelques exemples dont beaucoup parmi vous ont pu contrôler l'exactitude, ignorent la différence élémentaire qui distingue un jugement d'un arrêt, une opposition ou un pourvoi d'un appel ! Combien pour qui, l'écriture, utile à la vérité lorsqu'il s'agit de faire la preuve des contrats, serait nécessaire à leur formation, et qui sont convaincus qu'écrite sur un papier sans timbre une convention est sans valeur juridique, confondant ainsi le plus habituellement la convention, le contrat avec l'acte qui n'en est que l'instrument. Combien, pour passer à un autre ordre d'idées, savent exactement ce qu'est un code et la façon dont les matières y sont réparties ? Je ne suis pas téméraire en posant la question. Il y a quelques années, à un examen, j'interrogeais un étudiant dont l'inscription datait déjà de plusieurs mois, j'eus la surprise de constater qu'il était dans l'impossibilité absolue de me dire où, dans le recueil que je lui présentais, se trouvait le code civil. Ce que voyant et le pressant, ou plutôt l'aidant de quelques questions, j'eus l'étonnement d'entendre cette colossale réponse que ce code était l'assemblage de toutes nos lois existantes, augmenté de toute la série des ordonnances, édits, arrêts de règlement qui les avaient précédées, ainsi que des ordonnances et des décrets qui les ont complétées ; pour un peu, il y aurait ajouté les circulaires ministérielles et je ne sais quoi avec : vous jugez le volume qu'il aurait fallu pour leur trouver une place.

Je veux bien qu'une pareille ignorance soit rare, mais à de moindres degrés, combien savent du droit ce qu'il ne devrait pas être permis d'en ignorer ? Or, s'il importe que le commerçant et ceux qui le secondent soient instruits, chacun dans leur sphère d'action, au point de vue technique et pratique, si pour les en mieux instruire on s'occupe à bon droit de développer, il faudrait dire de créer chez nous l'enseignement professionnel jusque-là si négligé, il n'importe pas moins qu'ils connaissent, au moins dans les grandes lignes et leurs applications les plus usuelles, les règles régissant la vie commerciale, d'où dépendent leurs droits et leurs obligations ; que, par exemple, un chef de maison ou ses fondés de pouvoir soient capables de rédiger un contrat ou de le discuter, de suivre une instance sans avoir à tout propos à recourir à l'intervention de l'avocat ou de l'avoué ; que l'employé à qui est confié dans sa maison le soin des expéditions, en en assurant dans les meilleures conditions le transport matériel, soit instruit des lois qui le régissent, des garanties qu'il faut prendre, des déchéances qu'il faut éviter, du tarif qu'il faut appliquer ; que le comptable, pour arrêter là mes exemples, au lieu d'aligner machinalement ses chiffres dans l'ordre routinier dont toute initiative est exclue, ait sur l'amortissement, par exemple, et l'établissement judicieux des postes de son bilan, quelques notions précises et sache, de la façon la plus exacte et la plus claire, disposer dans son inventaires les postes dont il se compose. Et aujourd'hui que notre régime fiscal a pris l'importance que vous savez et pèse si lourdement sur toutes les branches de l'activité commerciale, quelle utilité, je dirais quelle nécessité n'y a-t-il pas pour tout commerçant de savoir, je ne dis pas, ce serait antipatriotique, de quelle façon il peut arriver à s'y soustraire, mais d'avoir sur les divers impôts qu'il devra acquitter : impôt sur les bénéfices, sur le chiffre d'affaires, sur les salaires, taxes de luxe, des notions susceptibles de le mettre à l'abri des erreurs ou des omissions, dont quelques-unes l'exposeraient à de lourdes sanctions ?

Nombreuses, d'autre part, sont les lois qui, dans ces dernières années, ont modifié les conditions du travail, le droit syndical ; tout autant de questions qu'il faut connaître si on veut en tirer profit.

C'est le but de nos conférences de vous en procurer les moyens, sans interrompre ni troubler les exigences de votre vie commerciale, où, je le sais, les loisirs sont rares et où, la journée finie, le repos est un besoin.

Sans doute, en cinquante leçons, si étudiées qu'elles soient, nous n'avons pas là prétention de fournir un enseignement qui, pour être complet, demande des années d'un travail continu ; du moins nous pensons, si vous nous y aidez par votre effort persévérant, avec des connaissances générales sur l'ensemble du droit, pouvoir vous donner, sur les matières auxquelles vous êtes ou vous serez plus fréquemment mêlés, des notions suffisantes pour qu'elles n'aient pour vous ni périls ni surprises.

C'est ainsi que, après quelques leçons sur la capacité des personnes, personnes individuelles et collectives, par exemple sur celle de la femme mariée, qu'a si considérablement élargie la loi sur le libre salaire ; après un aperçu général sur les contrats et les obligations qui en dérivent, entrant dans le détail, nous examinerons successivement les principaux contrats usités dans le commerce, la vente, le nantissement, la société, le transport. Les questions de crédit, de change prennent chaque jour, dans les relations intérieures comme dans les relations internationales, une importance croissante, à ce point que de leur solution dépend actuellement, pour une large part, notre relèvement économique ; nous nous efforcerons de vous en instruire. Dans une ville comme la vôtre, dont le travail est à la fois la loi et la richesse, surgissent à tout propos, parfois même sans propos, des problèmes irritants et complexes, intéressant, les uns la rémunération du travail, les autres sa réglementation et son hygiène ; ils seront, de notre part, l'objet d'une étude attentive et impartiale. Ce n'est pas dans l'agitation de la rue ni l'atmosphère enfumée des réunions publiques ; ce n'est même pas, quelque respect que j'aie pour elle, par des polémiques de presse qu'on s'en peut instruire ; il y faut, avec une connaissance exacte et raisonnée des faits économiques, le calme et la réflexion de l'étude et d'un examen attentif. Nous les examinerons loyalement, dans un esprit d'impartiale et réciproque justice, et, en expliquant la partie de notre législation qui s'y applique, nous rechercherons les solutions qui nous paraîtront les mieux faites pour unir, dans un même effort, ces deux facteurs si souvent divisés de la production nationale : le capital et le travail.

Les mines sont une de vos traditionnelles richesses ; vous aurez la bonne fortune d'en entendre la législation exposée avec une rare compétence et une indiscutable autorité par un professionnel que nous remercions d'avoir, malgré sa haute situation et ses absorbants travaux, consenti à se faire l'un des nôtres.

Les douanes et la nouvelle législation du commerce, les lois protectrices de la propriété industrielle et commerciale, les brevets d'invention, dessins et marques de fabrique, seront à leur tour et à leur place l'objet de notre enseignement.

Enfin, si vous en lisez le programme jusqu'au bout, vous verrez qu'il comporte l'étude des diverses juridictions auxquelles, suivant leur nature et leur objet, ressortissent, pour y être résolus, les conflits que fait naître inévitablement dans la vie le conflit des intérêts.

Les jurisconsultes romains, j'entends ceux de la première époque, auraient été bien surpris d'entendre développer un semblable programme. A Rome, en effet, pendant de longs siècles, la connaissance des lois, le mécanisme de la procédure en particulier et l'organisation de la justice constituaient de véritables sciences occultes, dont les patriciens, dans le but de maintenir leur influence religieuse et politique, se réservaient le secret. Pour que le préteur eût alors le droit de rendre des décisions judiciaires, de les consacrer par la prononciation des formules solennelles : *do, dico, addico*, il fallait que ce fût un jour faste ; à tous les autres, on était seulement admis à débattre devant les *Judices* ou à exercer la justice criminelle. Or, les jours fastes étaient, par rapport aux autres, l'exception. Leur nombre, sous Auguste, n'atteignait pas cinquante. Il fallait donc, pour en user, les bien connaître ; mais comme, d'autre part, aux préteurs seuls il appartenait d'en dresser la liste sur le *Liber Pontificalis*, qui était fermé aux profanes, qu'il leur appartenait même de le dresser à leur gré avec la possibilité, par l'introduction de jours intercalaires, d'en modifier l'ordre et de régler comme ils l'entendaient la durée d'une magistrature, le terme des contrats, les délais de procédure, il s'ensuivait que seuls, avec les initiés, ils étaient pratiquement les maîtres de la justice.

Ce fut seulement, vers l'an 450 avant J.-C., qu'un fils d'affranchi, Cnœus Flavius, ayant réussi à dérober à son maître Apius le livre des formules et le calendrier pontifical, les livra au peuple qui, en retour d'un pareil service, en fit un tribun, et, comme à un libérateur, lui ouvrit les portes du Sénat.

Nos conférences, à vingt siècles de distance, sans avoir eu d'ailleurs à dérober le secret des dieux, continueront l'œuvre de Flavius en mettant à la portée de tous celles des connaissances juridiques qu'il est le plus essentiel de posséder dans la vie des affaires, et les combinaisons ou les oppositions d'intérêts qui en sont la trame quotidienne. Avocats et avoués y perdront peut-être l'avantage de vous voir aussi souvent que par le passé venir solliciter leur intervention et leurs conseils, mais ils ne se sont pas montrés moins empressés à mettre à votre service et à votre formation leur savoir et leur expérience, et ils s'estimeront récompensés si, en vulgarisant la science pratique des lois, ils peuvent vous rendre plus rémunérateur et plus facile le rude labeur qui dévore vos journées.

Si ce résultat est de tout temps souhaitable, comme je le disais à Lyon, dans ma leçon d'ouverture, jamais plus qu'à l'heure présente, il ne fut plus opportun de l'atteindre. Jusqu'à la guerre, en effet, notre commerce et notre industrie, sans s'immobiliser dans la routine, vivaient pour une large part de traditions et d'habitudes ; les besoins étaient moins impérieux et moins multiples, les clientèles plus stables, les frontières plus protectrices ; le problème de la production nationale ne se posait pas, du moins il se posait avec moins d'âpreté. Aujourd'hui, après la longue interruption qu'elle a subie, sous l'action de la concurrence qui la domine, la vie industrielle et commerciale renaît avec une intensité et des méthodes jusqu'alors inconnues. D'autre part, pour répondre aux exigences jusque-là incoercibles d'une consommation chaque jour grandissante, comme pour relever les ruines partout amoncelées, l'accroissement de la production dans toutes les branches et sous toutes les formes s'impose comme une nécessité économique, si nous ne voulons pas que, après les éclatants triomphes de la guerre, la paix, qu'ils ont si glorieusement préparée, ne dégénère en une irréparable défaite et ne nous amène à ce que l'on a appelé la faillite de la victoire.

Produire, on ne saurait trop le rappeler, en même temps qu'une nécessité économique, est actuellement une nécessité nationale. Il le faut pour satisfaire aux exigences d'une consommation qu'une richesse rapidement acquise et souvent mal répartie a exagérément accrue ; il le faut pour réparer les dommages que, sous toutes les formes, dans nos provinces occupées, a accumulés la guerre ; il le faut pour nous défendre contre les concurrences qui, de toutes parts, nous pressent.

Un des moyens d'y réussir et de mettre cette production à la hauteur de nos besoins, c'est sans doute d'en perfectionner les instruments matériels de façon que la machine et l'ouvrier puissent, en moins de temps et à un moindre prix, donner un rendement supérieur et compenser ainsi les déficits alarmants d'une main-d'œuvre qui se fait chaque jour plus onéreuse et plus rare. On s'y efforce, et déjà de notables progrès ont été réalisés. Mais cela ne saurait suffire ; ce qui importe avant tout, c'est de perfectionner celui qui tient l'outil et conduit la machine ; c'est, pour employer une formule un peu brutale, mais qui rend bien ma pensée, d'accroître, sous toutes les formes qu'est susceptible de prendre son effort, sa valeur productive.

Parmi les moyens qui y peuvent aider, est celui qui a inspiré notre œuvre. Il est manifeste, en effet que, plus instruit et mieux préparé, le travailleur sera en état d'apporter à celui qui l'emploie une collaboration plus efficace parce qu'elle sera plus éclairée et que la valeur de son travail rachètera ce qui, désormais, manquera à sa durée.

Le patron, au surplus, ne sera pas seul à en tirer avantage. Plus recherché et plus utile parce que, si je puis ainsi parler, son coefficient de productivité sera plus élevé ; de son côté, l'employé, plus apprécié, trouvera à s'occuper plus fructueusement et à améliorer graduellement sa situation.

Quelle utilité aussi, s'ils savent la comprendre, que cette formation pour les dirigeants et les secrétaires d'association ouvrières ou syndicales que, chaque jour, leurs fonctions appellent à donner sur les sujets souvent les plus difficiles, les conseils les plus divers et souvent les plus épineux.

Oserais-je ajouter, pourquoi pas, puisque M. le président Soulier n'a pas hésité à le dire avant moi : quelle meilleure occasion pour ceux de vos concitoyens que la confiance de leurs pairs appelle à l'honneur de la judicature consulaire, de se préparer à l'exercice de leur magistrature et, sans attendre d'être en fonctions d'acquérir par avance les connaissances qui leur en faciliteront l'exercice.

Aussi bien, de toutes parts, en vue de la grande offensive commerciale qui commence, dans laquelle infailliblement et justement la victoire demeurera à ceux qui s'y seront le mieux préparés, on multiplie les efforts et dans ce but on élargit le champ de l'enseignement juridique. En Angleterre, où la politique des résultats commande souvent à l'autre, on se propose, depuis quelque temps, de former des « capitaines d'industrie » capables de conduire utilement la lutte dans la grande mêlée qui s'engage. Ailleurs on étudie la création d'Universités de commerce qui, plus complètes que nos écoles actuelles, seraient appelées à former des élites.

A ce sujet, il ne sera peut-être pas sans intérêt de résumer ici les indications que me fournissait récemment, sur l'organisation de l'enseignement commercial dans son pays, un jeune et distingué professeur d'une Université japonaise, à qui son gouvernement a confié la mission de venir s'instruire en Europe sur ce qui s'y pratique pour la préparation professionnelle et les moyens employés pour l'assurer.

Il a bien voulu me communiquer le programme des études auxquelles est astreint le jeune Japonais qui veut avoir une formation commerciale complète et conquérir les diplômes qui la couronnent.

La durée de ces études atteint le chiffre énorme de dix-sept ans : six passés à l'école primaire, cinq à l'école secondaire de commerce et six à l'école supérieure. Dans ce cycle prolongé tout ce qui, à un titre et dans une mesure quelconque peut l'instruire et le perfectionner lui est enseigné : le droit, la comptabilité, les mathématiques commerciales jusqu'au calcul intégral et différentiel, la géographie économique, la science financière, l'économie sociale et politique, la philosophie et la psychologie. On serait tenté de dire, comme pour Pic de la Mirandole : *De omni re scibili et quibusdam aliis.*

Sans aller jusque-là et sans embrasser un aussi vaste horizon, nous ne pouvons nous désintéresser de ce mouvement ; tout ce qui marque un progrès ou le prépare s'impose à notre effort, si nous voulons, dans le monde qui renaît de l'horrible tourmente d'où il sort, garder le rang qui nous convient, je veux dire le premier. A quoi, je vous le demande, nous servirait d'avoir vaincu sur les champs de bataille, si nous n'assurons par ailleurs le triomphe de nos intérêts économiques ? Pourquoi tout le sang répandu si, sous ses lauriers, la France devait, dans une paix humiliante, traîner une vie précaire et amoindrie ? Nos morts ne nous le pardonneraient pas. Ils ont donné leur vie, c'est bien le moins que nous donnions tout notre effort. Aussi, je ne m'étonne pas que dans une grande cité comme la vôtre, l'initiative qui nous rassemble ait rencontré, dès le premier jour, les sympathies dont cette soirée est l'encourageante manifestation. Elle a le droit d'en être fière. Si je regarde en effet à la composition du Comité qui en a accepté le patronage, j'y vois groupées toutes vos grandes institutions industrielles et commerciales, vos compagnies judiciaires, vos écoles et, pour les représenter, des noms que tous vous entourez de votre estime et de votre confiance. Avec de telles recommandations, c'est déjà le succès.

Dans cet empressement et cette unanimité d'ailleurs, je ne vois pas seulement un gage de réussite, vous me permettrez d'y saluer une nouvelle manifestation de cette union à laquelle, en un langage si élevé, sous les voûtes ranimées du Panthéon, M. le président Millerand, devant le monde attentif, conviait hier tous ceux qui ont au cœur l'amour de la patrie, et dont votre cité, dans les années que nous venons de vivre, a donné un si significatif exemple. Cette union, jamais peut-être elle ne fut plus nécessaire pour donner, dans l'isolement dont à certaines heures nous menace de tant de côtés la politique des intérêts, aux hommes qui courageusement ont accepté les responsabilités du pouvoir, l'autorité dont ils ont besoin pour faire entendre leur voix et défendre nos droits.

Notre but ainsi défini, il ne me reste, pour achever ma tâche, qu'à donner quelques détails d'ordre pratique qui, d'ailleurs, ont leur importance.

Je les résume :

Les matières qui figurent au programme et seront enseignées à peu près dans l'ordre qui y est marqué, feront l'objet de cinquante leçons environ, lesquelles, à raison de deux par semaine, nous conduiront jusque vers le milieu de mai. Celles du lundi seront faites par les professeurs de notre Faculté ; celles du vendredi par nos collègues de Saint-Etienne. Un sommaire, affiché autant que possible quinze jours à l'avance, en fera connaître succinctement l'objet.

A raison du grand nombre des inscriptions reçues, et par suite de l'affluence des auditeurs, nous avons dû renoncer au local que la Chambre de Commerce avait bien voulu mettre à notre disposition. C'est à l'hôtel des Ingénieurs qu'auront lieu nos exercices hebdomadaires. Si, à son tour, cette salle se trouvait insuffisante, nous trouverions le moyen d'y pourvoir, dussions-nous comme l'an dernier, à Lyon, pour faire place aux auditeurs, reléguer le maître dans l'épaisseur de la muraille, surprise de donner l'hospitalité à un hôte aussi respectable et, à coup sûr, aussi inattendu.

La durée de chaque conférence sera d'une heure ; j'entends et vous y pouvez compter une heure de soixante minutes très exactement, de six heures et demie très précises à sept heures et demie également sonnant. Commencer plus tôt risque d'apporter queque trouble dans la fin de la journée commerciale ; finir plus tard retarderait trop longtemps le repas du soir. Nous serons exacts ; nous demandons à nos auditeurs de faire comme nous. S'habituer à l'exactitude, d'ailleurs, c'est s'exercer à une vertu commerciale où, si le temps n'est pas toujours de l'argent, il est habituellement le moyen d'en gagner.

Et maintenant, après l'exorde qu'aura été ce discours dont, plus pour vous que pour moi, j'aurais voulu éviter la fatigue, nous allons nous mettre à la pratique et poursuivre ensemble, dans un commun effort, l'œuvre nouvelle.

En le faisant, Messieurs, nous élèverons notre pensée plus haut que les avantages personnels que nous avons la légitime préoccupation d'en retirer ; nous penserons que, en lui préparant des générations plus instruites, nous travaillerons pour notre part à la grandeur et au relèvement du pays. Nous y travaillerons modestement, sans souci de l'éloge et par devoir, mais courageusement et de tout notre patriotisme ; s'il m'était permis de hasarder le rapprochement, je dirais, à la façon de ce soldat inconnu à qui la France, en un geste sublime, vient, aux applaudissements du monde, de faire une éblouissante apothéose, et par qui l'Arc Triomphal, chargé de tant de gloire, prend une âme désormais immortelle : Dans la confusion sanglante de la mêlée on a déjà perdu son nom ; qu'importe, il en porte un que rien n'égale, devant lequel le plus glorieux s'efface, que le monde salue, qu'acclamera l'histoire, en qui se résument toutes les grandeurs et toutes les gloires. Je m'appelle : le soldat de la Victoire, celui de la Marne et de l'Yser, de Verdun, d'Arras, de Reims, du Chemin-des-Dames, de la Somme et de l'Aisne ; celui qui, par son courage et par sa mort, a sauvé son pays, en qui revivent les quinze cent mille morts qui vous valent d'être et de rester Français. C'est à lui, Messieurs, que va ma dernière pensée et mon patriotique hommage. Et en le faisant, quoiqu'il puisse y paraître, je ne sors pas de mon sujet ; le droit, en effet, nous allons vous le faire connaître, vous en enseigner les règles ; lui, le soldat inconnu il fait mieux, par son exemple, il nous apprend comment, quand il est menacé on le défend ; comment, s'il en est besoin, on meurt pour le sauver.

Société Anonyme de L' Imp, Théolier, 12, Rue Gérentet, Saint-Etienne

www.ingramcontent.com/pod-product-compliance
Lightning Source LLC
LaVergne TN
LVHW011038050726
842519LV00004B/1429